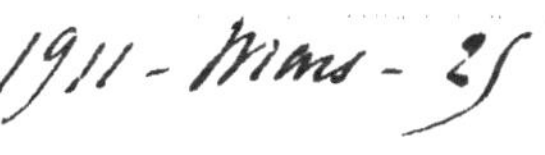

N° 11

VENTE DU SAMEDI 25 MARS 1911

Collection de M. M* (3e partie)**

HOTEL DROUOT. — SALLE N° 8

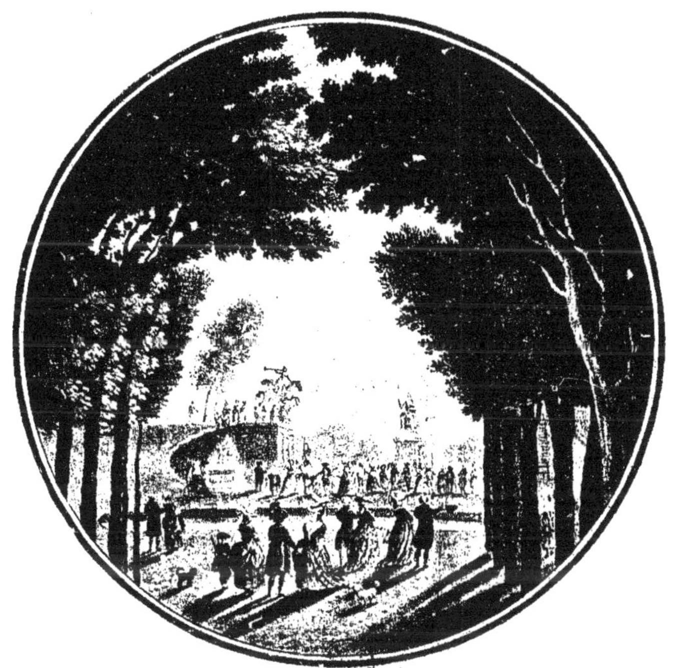

N° 62 du catalogue

ESTAMPES ANCIENNES & MODERNES

Commissaire-Priseur :
Me ANDRÉ DESVOUGES
26, Rue de la Grange-Batelière

Experts :
MM. Léo DELTEIL & A. LE CORBEILLER
38, Rue de Châteaudun

CATALOGUE

DES

Estampes Anciennes & Modernes

Composant la Vente de M. M***

(3e Partie)

Dont la vente aura lieu

à Paris, HOTEL DROUOT, Salle N° 8

Le SAMEDI 25 MARS 1911, à 2 heures précises

Par le ministère de Me ANDRÉ DESVOUGES

COMMISSAIRE-PRISEUR

26, Rue de la Grange-Batelière

Assisté de MM. LÉO DELTEIL et A. LE CORBEILLER

MARCHANDS D'ESTAMPES-EXPERTS

38, Rue de Châteaudun

CONDITIONS DE LA VENTE

Elle sera faite au comptant.

Les adjudicataires paieront *dix pour cent* en sus des enchères.

MM. Léo Delteil et A. Le Corbeiller rempliront les commissions que voudront bien leur confier MM. les amateurs ne pouvant y assister.

MM. les amateurs pourront visiter la collection du Lundi 20 au vendredi 24 mars 1911, *38, rue de Châteaudun.*

ADAM (V.)

1. Scènes Parisiennes. — 5 pièces in-fol. Belles épreuves.

2. — Passe-temps. — Voitures. — Portraits. — Les Sauteurs, etc. — Dix-huit pièces *coloriées* (4 en noir).

ALIX (P. M.)

3. Bossuet. — Linné. — Pie VII. — Lycurgue. — Quatre portraits gravés *en couleurs* (2 rognés à l'ovale. Mouillure).

AMICONI (d'après)

4. Nymphs Sporting; Diana and her Nymphs. *London, publ. 1785.* Deux pièces gravées par Legrand. Epreuves *imprimées en sanguine*, toutes marges (plis au milieu et mouill.).

APOUX, LEBÈGUE, LOEVY, etc.

5. Les Sorcières. Suite de 1 couv. et 8 pl.— Pointes sèches, etc.— Seize pièces.

BARNEY et WESTALL

6. L'Oiseleur. — Le Cerf Volant achevé. — Deux pièces gravées par G. Lazaretti et Belvedère. Belles épreuves.

BARTOLOZZI (F.).

7. Hébé. D'après Cipriani. Epreuve *imprimée en couleurs.*

8. — Vestale. — Jeune femme un sein découvert. — D'après Cipriani. Deux pièces rondes. Epr. *imprimées en sanguine.*

9 — Etudes de têtes.— Narcissus.— Cupid Making his Bow, etc.— Onze pièces (4 *imprimées en sanguine* et 1 en *bistre*).

BAUDOUIN et BOUCHER (d'après)

10. La Sentinelle en défaut. — L'Amour à l'épreuve. — Deux pièces gravées par De Launay et Beauvarlet. Bonnes épreuves en *tirage postérieur*.

BAUDOUIN et LAWREINCE

11. Le Couché de la Mariée. — Le Billet doux. Deux pièces gravées par Moreau le jeune et De Launay. Belles épreuves en *tirage postérieur*.

BEAUVARLET (J.)

12. Les Couseuses. — L'Enlèvement des Sabines. — Deux pièces d'après Le Guide et Jordans. Belles épreuves.

BELLANGÉ (H.)

13. Eugène Beauharnais. Gr. in-fol., à cheval. Belle épreuve.

BENEZECH (d'après)

14. Le Lyon *(sic)* généreux. Gravé par Colinet, 1792. Epreuve *imprimée en couleurs*.

BERNARD (d'après)

14 *bis*. M. Necker, directeur g[al] des Finances. Rendu à main levée par Bernard, 1789. Gravé et écrit par Jean de Montainville. Belle épr. *imprimée en deux tons, noir et bistre*. Encadrée.

BLAIZOT, MALLET, NUMA

15. Le Matin, le Midi, le Soir et la Nuit. — Les Cartes. — L'Attente ; le Désir. — Sept pièces gravées par Renard, Benoist et Mauduison. Belles épreuves.

BOILLY (d'après L.)

16. La Douce Résistance. Gravé par Tresca. Bonne épreuve sans marges sur 3 côtés, doublée.

17. — Prends ce biscuit. — Ah ! ah ! qu'il est sot. — Il Dort. — Trois pièces gravées par Vidal, Petit et Texier. Bonnes épreuves sans marges.

18. — Défends-moi. Gravé par Petit. — Voilà ma mère, nous sommes perdus. — Jouir par surprise n'allarme point la Pudeur. — Ens. trois pièces, *1 coloriée.*

19. — Hony soit qui mal y pense. — L'Amant favorisé. — Deux pièces gravées par Bonnefoy et Chaponnier ; la 2me rognée et manquant de conservation (doublée).

20. — L'Amusement à la Campagne. — Précaution. — Deux pièces gravées par Vockerodt et Schleich.

21. — 1re (et 2e) Scène de Voleurs. — Deux pièces gravées par Gror.

22. — Poussez Ferme. — Ah ! Ah ! qu'il est sot. Deux pièces faisant pendants. Gravées par Petit. Bonnes épreuves en *tirage postérieur. Coloriées.*

23. — Défends Moi. — La Leçon d'Union Conjugale. — La Comparaison des Petits Pieds. — Voilà ma mère, nous sommes perdus, etc. — Cinq pièces, dont 3 *en bistre et sanguine. Tirages postérieurs.*

BOILLY (L.)

24. — Les Epoux heureux. — La Première dent. — Les Petits Savoyards. — Trois pièces, dont 2 *coloriées.*

25. — Les Grimaces. — Douze pièces coloriées, petites marges (1 rognée).

BOISSIEU (J. J.)

26. Les Deux Pères du Désert (Le Bl. 2). — Paysage à la baraque en planche et en paille (Le Bl. 103, 1er état). — Le Repos des Faucheurs (139). — Portrait d'Homme. — Quatre pièces.

BONNIEU (d'après)

27. Les Regrets inutiles. Gravé par L. Marin. Belle épr. *imprimée en couleurs*, l'encadrement colorié.

BONNINGTON (d'après R. P.)

28. Six Croquis à l'eau forte, d'après R. P. Bonnington, par W. de Tromelin, 1834. — Suite complète de 6 pièces, belles épr. *avant la lettre*, sur *chine*, sous couv. de publication. (Mouillures).

BOSSELMAN, CASTEL, MÉCOU

29. La Jolie Suédoise de Stockholm. — Je le Tiens ; d'après Fragonard. — Voilà comme il les tourmente ; d'après Schall. — Trois pièces, belles épreuves *imprimées en couleurs et rehaussées.*

BOUCHER (d'après F.)

30. Le Départ du Courrier. — L'arrivée du Courrier. — Le Mariage de Psiché et de l'Amour. — Trois pièces gravées par Beauvarlet (manquent de conservation).

31. — Paysages. — Vue d'un Pont. — Pastorale. — Quatre pièces gravées par Ryland.

32. — Les Présents du Berger. — Le Plaisir de la Pêche. — Vénus et les Amours. — Elle mord à la grappe. — Quatre pièces gravées par Lempereur, Beauvarlet, Gaillard et Pasquier. Bonnes épreuves en *tirage postérieur*.

BOUCHOT, FOREST, NUMA, etc.

33. Les Portes, Pièces à volets.—Réunion de 20 pièces par Bouchot, Forest, Numa, H. Monnier, etc. Très belles épreuves, *coloriées.*

BUGUET (d'après)

33 *bis*. Louis XVIII, roi de France. — S. A. R. Monsieur Charles Philippe de France, Cte d'Artois (Charles X). — Deux portraits gr. in-fol., grandeur nature, gravés par N. Bertrand. Belles épr. *imprimées en couleurs et rehaussées*.

CARESME (d'après)

34. Le Réveil du Carlin. Gravé par Carrée. Bonne épreuve.

CARICATURES

35. Les Nouvellistes, N°s 1 et 2. — L'Entrée en garnison ; la Sortie de garnison. — Cela ne se dit pas... — Le Marchand de cannes. — Le Caffé en plein air. — Mr Bonasse. — La Galanterie russe. — L'Entrée d'une partie des Alliés à Paris, etc. — Quatorze pièces *coloriées* (1 en noir).

36. — Musée Grotesque, n° 24. — Le Confesseur et le Sermon de Village. — Les Fous en présence. — Degrés des âges. — Antichambre d'un grand seigneur. — Le Bœuf et la Vache ou la double enseigne. — Scènes de boxeurs, etc. — Quinze pièces *coloriées*.

37. — Caricatures anglaises, de Rowlandson, Bunbury, etc.— Douze pièces *coloriées* et en noir

38. — Un Couplet de Vaudeville, 6 pl. — Ce qu'on dit et ce qu'on pense. — Caricatures diverses. — Vingt trois pièces par Gavarni, Scheffer, Traviès, etc. Epr. *coloriées* (2 en noir).

39. — Caricatures diverses. — Caricatures Militaires. — Vingt-sept pièces par Cham, Pigal, Draner, Vernier, etc. *Coloriées* (3 en noir).

40. — Album Classico-Romantique. *A Paris, rue de Grenelle, St-Germain et chez Chaillou Potrelle*. — Suite de 10 pl. lithog. En feuilles, sous *couv. ill.*

41. — Galerie Comique. — Album de 50 planches lithog. par Welter, Benjamin Roubaud, Traviès, etc., en 1 vol. in-4 obl., demi-rel.

42 — **Beaumont** (Ed. de). La Civilisation aux îles Marquises. Suite de 22 planches.

43. — **Gérard-Fontallard.** Bluettes. 11 planches (sur 18). (N°s 7, 9, 10 à 18). Belles épr. *coloriées* (Restauration à 1 pl.).

44. — **Japhet** (A.). Mon Village. Les Autorités. — Les gros bonnets. — Suite complète de 12 planches *coloriées.* En feuilles, sous couvertures illustrées.

45. — **Vernier** (Ch.). Croquis Militaires. Suite 25 planches (n°s 1 à 15, 17, 18, 26, 29, 32 à 36, et 38).

CARICATURES POLITIQUES

46. A faut espérer qu'eu s'jeu la finira bentôt ; j'savais bien qu'jaurions not tour. — Tout irait bien si tout le monde riait comme moy. — Rira bien qui rira le dernier. — Vive le Père la Violette, ou je te coupe la musette. — La belle Gique et ses amans. — Une Croisade. — Grandes Marionnettes politiques, etc. — Douze pièces *coloriées* (2 en noir).

47. — Caricatures sur Charles X et Louis Philippe. Vingt cinq pièces *coloriées.*

CARRÉE

48 Vue persp. de la Fontaine des Innocents. 1790. Très belle épreuve *imprimée en couleurs.*

CAZENAVE, COPIA et THOUVENIN

49. Le Réveil de Vénus et l'Amour. — L'Innocence en danger, d'après Desvoge. — L'Amour enchaîné par les Grâces ; d'après T. G. P. — Trois pièces, belles épreuves *imprimées en couleurs.*

CHAHINE (Edgar)

50. Le Chemineau. Superbe épreuve, *signée et numérotée* (2).

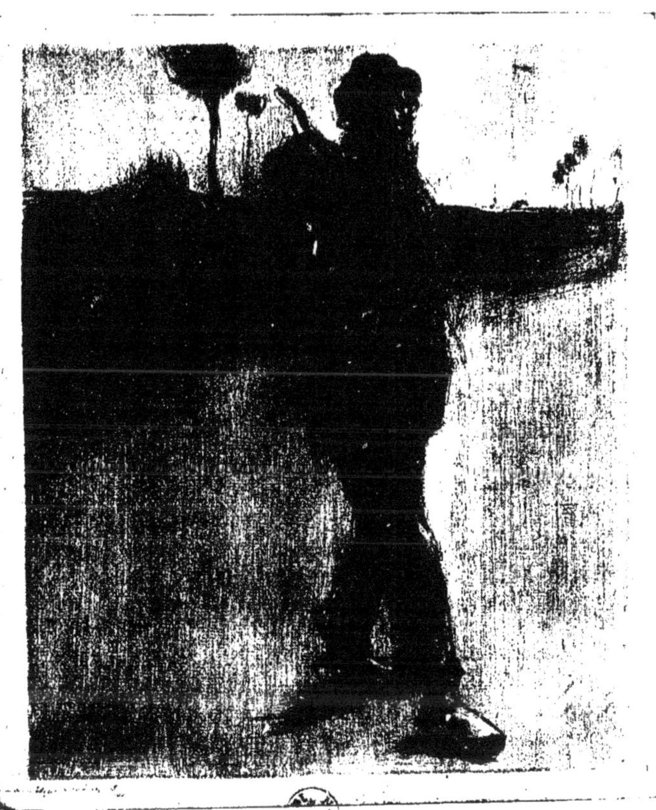

N° 50 du catalogue

CHARLET, BELLANGÉ

51. Le Grenadier de Waterloo. — Vous croisez la bayonnette sur les vieux amis! — J'aime la couleur. — L'orage, de Béranger, etc. — Douze pièces *coloriées* (2 en noir).

CHARLET et BELLANGÉ (d'après)

52. Le Cinq Mai. — Un Brave. — Je te salue liberté sainte ! — La Chiffonnière. — Le Retour au village. — La Méprise. — Six pièces gravées à la *manière noire* par Reynolds, Maile, Sixdeniers, Jazet. Belles épreuves (*2 coloriées, 1 avant la lettre*).

CHARLIER (d'après)

53. Un tendre engagement va plus loin qu'on ne pense. Gravé par Elluin. Belle épreuve. (Mouillure).

CIPRIANI (d'après)

54. La Musique ; la Poésie. — Jeune femme et Amour. — Trois pièces ovales et ronde, gravées par Ridé et F. Bartholozzi. Epr. *imprimées en sanguine*.

DANLOUX (d'après)

55. Je t'en ratisse — Ah ! si je te tenais. — Deux pièces faisant pendants, gravées par Beljambe. Belles épreuves.

DAUMIER (H.)

56. Mr Sébast... — Mr Etien... — Mr Benjamin Dudessert. — Mr Cunin Grid... — Mr Royer-Col.... — Mr Baill... — Mr Keratr... — Sept pièces dont 5 *coloriées*.

57. — Histoire ancienne. — Réunion de 9 planches *coloriées* (nos 1, 12, 14, 15, 17 à 19, 27, 29).

DEBUCOURT (P.-L.)

58. Adieux d'un Russe à une Parisienne. — Il n'y a pas de feu sans fumée. — La Bonne d'enfant en Promenade. — Trois pièces d'après C. Vernet. Bonnes épreuves *coloriées* (la dernière rognée).

59. — Le Coup de Vent. — Passez payez. — La Marchande de Saucisses. — Chacun son tour. — Quatre pièces d'après C. Vernet. Epr. *coloriées* (1 copie).

60. — La Croix d'Honneur ; le Drapeau. — Intérieur d'une Salle à manger. D'après Droling. — La Belle Fracastine; d'après Raphaël. — La Séparation pendant une nuit d'hiver. — Cinq pièces, dont une *en couleurs* et une *coloriée* (2 pièces manquent de conservation).

DECAMPS (d'après)

61. Dix Eaux-fortes d'après Decamps, tirées de la Collection de M. P. Périer, gravées par Alph. Masson et L. Marvy. *Paris, chez Gavard*. — Suite de 10 planches sur *chine monté,* sous couv. de publication.

DESBOUTINS, LEPÈRE

61 *bis*. Desboutins, par lui même.— Puvis de Chavannes. — Willette. — Th. de Banville. — Le Marché aux pommes. — Rue Montorgueil, etc. — Sept pièces, publiées par l'Artiste.

DESCOURTIS

62. Vue des Tuileries du côté du Pont Tournant. D'après de Machy. Pièce ronde. Très belle épr. *imprimée en couleurs,* grande marge.

DEVÉRIA (A.)

63. Esméralda, 4 p. — Cromwell devant le portrait de Charles Ier. — Costumes, 2 p. — Femmes nues, 9 p. — Ens. Seize pièces *coloriées*.

DEVÉRIA et ROQUEPLAN

64. Illustrations de Walter Scott. Sujets lithographiés tirés de ses romans. Paris, chez Henry Gaugain. — Suite 12 pièces. En feuilles. Sous couv. illustrée. Epr. sur *pap. de chine* (la pl. 1 est sur blanc).

DIVERS

65. The Connoisseur and Tired Boy (from Morland). *Publ. W. Belch, London.* — Kopster. Gr. par C. Dusart, 1695. — Admiré la Force (pièce satyrique). — La Boulangère. *Bonnart, exc.* — Le Bord... *G. Walk, ex.* — Le Déjeuné de Ferney. Gr. par Née et Masquelier. d'après de Non.— A mon ami qui veut faire ériger un Monument à Voltaire. Gr. par Gauthier, d'après Bellanger. — Sept pièces (1 *coloriée,* et 1 *imprimée en bistre).*

65 *bis.* — Assassinat d'Henri IV. *(Epr. à l'état d'eau forte pure).* — Décoration de la Salle de Spectacles à Versailles pour la représentation de la Princesse de Navarre, comédie ballet donnée à l'occasion du Mariage de Louis Dauphin avec Marie Thérèse le 23 fév. 1745. Gravé par C. N. Cochin. — Ziesenis geb Wattier, in het Karacter Van Epicharis. Gravé par Van Senus, d'après Hodges. — Trois pièces gr. in-fol.; la 3e *imprimée en couleurs.*

66. — La Vertu lui rend hommage (J. J. Rousseau) — Aux Mânes de J. J. Rousseau. — Le Génie de la Sculpture. — Dédale et Icare. — Jean Jacob, Centenaire. — MM. Jacob Powell and Edw. Bright in Essex. — Dessein d'un Etranger. — Le Français. Passager du Hâvre à Honfleur. — Dix pièces (*2 coloriées*).

66 *bis.* — Frédéric et Voltaire.— La Jeunesse de Voltaire.—Montaigne et Le Tasse. — Louis XVI distribuant des bienfaits. — Quatre pièces in-fol. gravées par Baquoy, Blanchard et P. Adam.

67. — Sujets divers, Scènes mythologiques, Batailles, etc. — Dix pièces. *Epreuves d'états, à l'eau forte pure et non terminées.*

67 *bis.* — L'Amour maternel ; L'Occupation champêtre ; 2 pièces gr. par Palmerius. — Sacra Christi Familia. Gr. par Kirkall, d'après Raphaël. — Jésus Christ au milieu des Apôtres. — St-Sébastien. — Descente de croix, etc. — Onze pièces à *l'aquatinte, en camaïeu,* etc.

68. — Le Postillon de Longjumeau, 4 p. — Le Colin maillard ; la Main chaude. — Statue équestre de Henri IV. — Ninon de Lenclos. — Intérieur du Palais d'Apollon. – Les Pellerins d'Emmaüs. — Costume du règne de Louis XIV, par S. Le Clerc, etc. — Soixante-quatre pièces anc. et en réimpressions, lithog., facsimilés, etc.

DON QUICHOTTE (Figures pour)

69. Aventures de Don Quichotte. — Dix-sept pièces gravées par Lavallée, d'après Joseph del Castillo. Epr. *imprimée en couleurs*, dont 7 à toutes marges (4 pl. sont en double).

DORÉ (G.)

70. Des agréments d'un Voyage d'agrément. *Paris, Féchoz et Letouzey*. Album in-4 obl., broché, *couv. ill.*

DUBUFE (d'après)

71. Amour ; Abandon. — Souvenirs ; Regrets. — Quatre pièces in-fol. gravées a la *manière noire* par S. M. Reynolds et Maile. Belles épreuves.

DUGOURC (d'après J.)

72. Les Jeux de Jeunes Demoiselles : La Balançoire, les Quatre Coins, Cache-cache Mitoulas, le Bilboquet, le Solitaire, l'Emigrant, le Diable, etc. — Suite de 8 jolies pièces finement *coloriées*, de l'époque de la Restauration (1820).

DUPLESSIS (A.)

73. La Suppression des Moines et religieuses ordonnée par l'empepereur Joseph II, 1782. — La Révolution française arrivée sous le règne de Louis XVI le 14 juill. 1789. — A la Nation Française les Protestants reconnaissants. — Le Triomphe de Voltaire. — Quatre pièces gr. in-fol. Curieuses.

DUPLESSI-BERTAUX (J.)

74. — Cris de Marchands ambulants de Paris, 12 p. — Ouvriers de divers Métiers, 12 p. — Scènes des rues de Paris, 10 p. — Sujets divers, 12 p. — Théâtre, 12 p. — Suite de Mendiants, 12 p. — Histoire de l'Enfant prodige, 12 p. — Ens. 82 pièces, en feuilles (la dernière suite est avec le texte, sous *couv. imp.*).

EAUX-FORTES MODERNES

75. — Siège de Paris de 1870. — Ils s'en allaient dodelinant de la tête... — Mme la Marquise de Pompadour ; d'après La Tour. — La Folie, d'après Fragonard. — Les Premiers pas ; d'après Millet. — La Cigale. — Kangourous, etc. — Vingt-six pièces, par Bracquemond, Paul Chenay, Greux, Lalanne, Gœneutte, Guérard, Daubigny, Renouard, etc. Belles épr., la plupart en *épreuves d'artistes, signées* (1 *imp. en couleurs* et 1 *en sanguine*).

75 *bis*. — Eaux-fortes diverses, par Waltner, Champollion, Courtry, Guérard, Leloir, H. Toussaint, etc. — Trente-huit pièces, un certain nombre en *épreuves d'artistes*.

ECOLES ANCIENNES

76. Sujets divers, gravés Suyderhoef, Wieux, De Gheyn, Brebiette, G. de Lairesse, et d'après Van Ostade, A. Durer, Rembrandt, etc. — Dix-sept pièces.

76 *bis*. — Sujets divers, d'après Le Titien, Rubens, Jordaens, Teniers, Van Ostade, Wouvermans, etc. — Réunion de vingt-cinq pièces anciennes et en tirage postérieur.

ECOLES ANGLAISE et FRANÇAISE

77. Flore et Zéphyr. Gravure anglaise au pointillé de forme ronde. Belle épreuve *imprimée en couleurs* et *réhaussée*. Sans marges et collée sur carton.

77 *bis*. — Jeune femme veillant son Enfant. — Jeune femme au repos dans la campagne. — Deux estampes anglaises in-fol. de forme ovale, gravées à la *manière noire* et *rehaussées en couleurs ;* belles épr. sans marges.

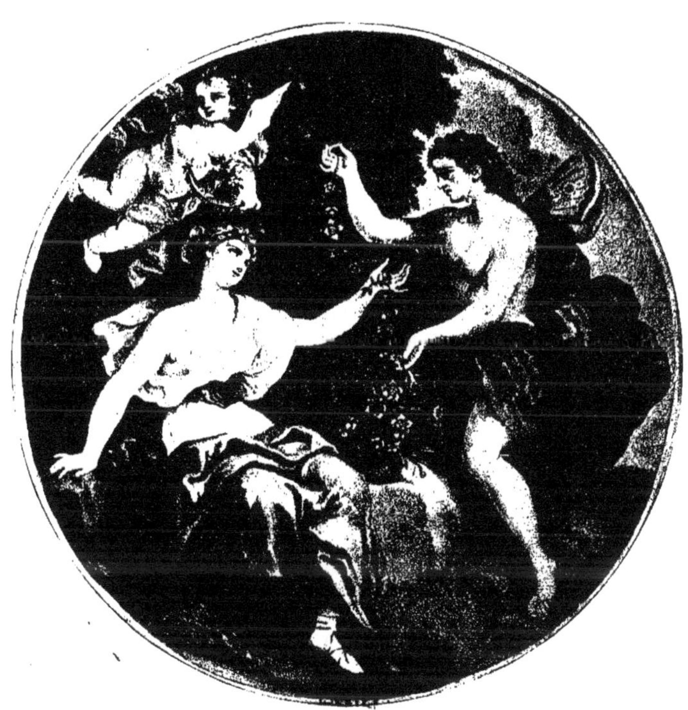

N° 77 du catalogue

78. — Anna, Daughter of Phannuel. — Going to Market. — Rural Employment, etc. — Cinq pièces gravées par Marcuard, dal Saglio, Tomkins, Aug. Legrand, d'après Hoppner, Singleton, Morland, J. Russel (1 pièce *avant la lettre*).

78 *bis*.—Diana and her Nymphs, par Picot, d'après Amiconi, 1780.— The Resurrection of a Pious Family from their Tomb al the Last Day, par F. Bartolozzi, d'après W. Peters. — Innocent Revenge, par Zaffonato, d'après R. Westall. — A View of Tivoli, par W. Eliott, d'après Rosa di Tivoli. — A View of Hopping Mill Ware, par Vivares, d'après Smith, etc. — Six pièces in-fol. (*1 coloriée*).

79. — Adam et Eve après le péché. — Gravure *en couleurs*, par Descourtis ?

79 *bis*. — Vue du Châtelet. Pièce ovale. Gravé *en couleurs* par Guyot?

80. — La Visite des Fermiers au Château ? Gravure ovale. Belle épr. *imprimée en couleurs*, remargée.

81. — Tiens maman, voilà une rose ! — Les Petits Poulets. — Susanna, and the two Edders.—The Separation ; the Reconciliation. Le Petit Poucet ; le Petit Chaperon rouge. — Le Retour des Vendanges ? etc. — Dix pièces d'après Caresme, Gianni, Chataignier, etc. Epreuves *imprimées en couleurs el coloriées* (3 sans marges.)

82. — La Belle Pénitente, d'après Morland. — Morning after the Storm ; par Ward, d'après Bigg. — L'Heureuse délivrance, par Bettolini, d'après Rigaud. — La Récréation, par Rousseau et A. Legrand. — Le Rieur ; le Bailleur, 2 p. par Goulu, d'après Ducreux. — Auctumnus, par J. G. Hertel, d'après Lancret. — L'Heure du Rendez-vous, par H. Gérard, d'après Mme Gérard. — Negroes Dance in the Island of Dominica, par Brunias. — Oh ! che Gusto ! par Copia, d'après Sicardi, etc. — Dix-neuf pièces anciennes et en tirage postérieur (quelques unes manquent de conservation).

82 *bis*. — The Hollandisch Embarcation.— Place ; The Hollandisch Watering-Place. — Stage Waggon. — Matl ock Bath, N° 5, etc.— Six pièces gravées par F. Hauer, H Pyall, etc., d'après Freebairn, H. Walter, etc. Epreuves *réhaussées en couleurs*.

83. — The Power of Beauty. — Vénus sur les Eaux. — Diane au bain. — A Bacchanalian. — Vénus caressant l'Amour. — Phyllis, etc. — Huit pièces gr. par Walker, Desplaces, Fancij, Vitali, A. Cardon, etc., d'après Ph. Lauri, Coypel, Cipriani, Caresme, etc. Bonnes épreuves.

83 *bis*. — Mary Queen of Scots resigning her Crown at Lochleven Castle, par F. Legat, d'après Hamilton. — Interview betwen Edgar and Elfrida after her Marriage with Attrelwold, par W. Ryland, d'après A. Kauffmann. — Accipite hanc animam, meque his exsolvite curis, par R. Strange, d'après Le Guercin. — La Mort de Marc Antoine, par J. G. Wille, d'après P. Battoni. — La Malheureuse famille Calas, par Delafosse, d'après Carmontelle. — Henry the Eighth. Gr. par Playter, d'après Hamilton. — La Curiosité, par Le Mire, d'après Brakenburg, etc. — Treize pièces (2 en tirage postérieur).

84. — L'Instruction Villageoise, par Glairon Mondet, d'après Debucourt. — The Dancing Bear, par H. Meyer, d'après Whiterington *(épr. sur chine)*. — The Cut Finger, par A. Raimbach, d'après Wilkie *(épr. à l'état d'eau forte)*. — L'Enfant Prodigue *(épr. avant la lettre)*. — Le Retour de la Nourrice, d'après Greuze *(épr. avant la lettre*, à *l'aquatinte en bistre)*.— Cinq pièces, belles épr.

85. — La Gayeté du Silène. — Le Retour du Bal. — L'Imitation de l'Antique. — La Voilà prise. — Petit Waux-Hall.— Cinq pièces gravées par De Launay, Beauvarlet, Mme Lingé, Niquet et Wille, d'après Bertin, De Troy, Dutailly, Le Bel et Wille. Bonnes épr. en tirage postérieur.

86. — Le Bouquet bien reçu. — L'Amant pressant. — Le Rendez-vous agréable. — Les Intrigues amoureuses. — Petit Waux-Hall. — Cinq pièces gravées par Gaillard, A. Legrand, Beauvarlet, Halbou et Wille, d'après Eisen, Huet, Raoux, Schenau et Wille. Bonnes épr. en tirage postérieur.

87. — Qu'en dit l'Abbé, par De Launay, d'après Lawreince. — L'Evènement au Bal. Gr. par Ingouf, d'après Freudeberg. — A Tale Love. Gr. par Sherwin, d'après Bunbury. — Trois pièces ; épreuves anciennes malheureusement manquant de conservation *(1 coloriée)*.

88. — Les Délices de l'Eté, par Lienard, d'après Le Prince. — L'Amour dévoile les yeux de l'innocence ; l'Amour couronné par les grâces ; gr. par Wolff et Chaponnier, d'après Huet. – L'Etonnement. Gr. par Voyez. — Les Pétards ; Le Réveil des filles de Mme Mde de Modes. — La Couturière, etc. — Douze pièces, dont 3 *coloriées*.

89. — L'Education de l'Amour. — La Chute de Nanette. — La Chute inévitable ; les Différens goûts. — L'Heureux tête-à-tête. — La Chambrière instruite. — Jupiter enlève Io. — La Gayeté de Silène, etc. — Dix pièces gravées par Demonchy, De Launay, Née, Blot, etc., d'après Le Barbier, Regnault, Bertin, Mayer, Lang, etc. Epr. anciennes et en tirage postérieur (quelques-unes manquent de conservation).

90. — La Bouteille cassée. — Les Douceurs de l'Été. — La Résistance. — L'Eplucheuse de Salade. — Le Réfractaire amoureux. — La Pantoufle. — Familiarité dangeureuse, etc. — Onze pièces gravées par Moitte, Beauvarlet, Ingouf, St-Aubin, etc., d'après Bounieu, Boucher, Deshayes, Jeaurat, etc. Epr. en tirage postérieur (quelques pl. manquent de conservation).

91. — Le Retour Imprévu. — La Leçon de Basse de Violle. -- Le Musicien Espagnol. — Militaire faisant servir des rafraîchissements à une jeune femme. — Le Marché aux Herbes d'Amsterdam, etc. — Neuf pièces gravées par Lucas, Avril, David, Aveline, Vibert, Audouin, etc., d'après Tilburg, Metzu, Nestcher, etc. Belles épreuves, dont 3 *avant la lettre* (1 planche doublée).

92. — Le Parc aux Cerfs ; les Dénicheurs. — Piège tendu par l'Amour. — L'Amour et Psyché. — Quatre pièces in-fol. gravées par Thouvenin, Godefroy, Pillement et Potrelle, d'après Lambert, Colet et L. David.

93.— L'Amour caressé par sa mère.— Flore caressée par le Zéphyre. — Le Bouquet d'amitié. — L'Aveu délicat ; le tendre abandon. — Pan et Syrinx. — La Débauche. — Sept pièces gravées par Augrand, Pradier, Benoist, A. Legrand et Bonnefoi.

94. — L'Amour surveillant. — Toilette de Psyché. — Le Jeune Conscrit. — Apollon couronnant la vérité. — Le Tendre abandon. — Le Diablotin, etc. — Neuf pièces par Chaponnier, Bosselman, Lavallée, A. Clément, A. Legrand, Castel, etc.

95. — Pygmalion amoureux de sa statue. — Belissaire. — Angélique et Médore. — Psyché et l'Amour. — Les Orphelins. — Les Trois Grâces. — La Belle Ferronnière, etc. — Dix pièces gravées par Mariage, Desnoyers, R. Morghen, Pradier, A Johannot, etc., d'après Moreau, Gérard, A. Scheffer, etc. *(1 coloriée)*.

96. — Le Hamac. — Les Quatre Saisons. — Enfant dérobeant du gibier. — Le Gage d'amour. — Die Erwartung. — Jocelyn aux pied de l'Evêque. Sancho, etc. — Douze pièces gravées par H. Garnier, Konig, F[s] Girard, Desmadryl, etc.

97. — Danse grecque. Gr. par Zancon, d'après Stothard. — Summer's Amusement, par Bonato, d'après Hamilton. — Le danger de la Bascule ; la Tricherie reconnue, par Canali et Regona, d'après Le Peintre. — Les quatre parties du jour. — Jeux d'enfants. — Onze pièces, épr. *coloriées.*

98. — L'Incendie. Gr. par Aubertin, d'après C. Van Loo. — Bacchanale. Gr. par le Cte de Paroy, d'après Poussin.— La Timidité. Gravé par Le Mat, d'après S. Julien. — La Montreuse de Marmotte. Gravé par Benoist, d'après Mallet. — Vue de Suisse. Gr. par Janinet. — Cinq pièces, belles épr. *imprimées en couleurs* (1 en *sanguine*).

99. — Une Mission à Paris. — Le Coucher de la Mariée — L'Eau. — Les Désirs accomplis — Jupiter et Léda. — Hébé donnant le nectar à Jupiter. — Sept pièces publiées chez Cereghetti, Bégat, Agustoni, etc., *imprimées en couleurs et rehaussées.*

100. — Ah ! le Voilà ou l'Espoir d'un bon Ménage. — La Marchande — L'Eté et L'Automne. — Ste-Cécile. — Cinq pièces gravées par Konig, Lambert, Duthé et Leroy, d'après Cœuré, Duvivier, etc. Belles épr. *imprimées en couleurs et réhaussées*.

101. — La Romance. — Tant va la cruche à l'eau. — Ils sont partis. — Les Amours traînant aux pieds de Vénus le Sanglier qui tua Adonis. — Léda. — Cinq pièces gravées par Choubard, Phelipeaux, W. Holl, etc., d'après Aubry, Marletti, Westall, etc. Bonnes épr. *imprimées en couleurs et rehaussées* (l'une d'elle manque un peu de conservation).

102. — Estelle et Némorin. — L'Enlèvement de Psiché. — Qu'il est intéressant. — L'Innocence reconnue. — On aime à réfléchir quand on est sans remords. — Sept pièces gravées par Legrand, Ruotte, Duthé, Parfait, etc., d'après Lambert, Moreau, Le Titien, etc. Epr. *imprimées en couleurs et rehaussées* (2 pièces manquent de conservation).

103. — L'Eté ; l'Hiver. 2 pièces gravées par Jazet, d'après Martinet. — L'Incendie ; le Midi. 2 pièces par A. Moreau ; d'après Vexelberg. — Ens. quatre pièces, bonnes épreuves *coloriées* (3 sans marges).

104. — L'Amour et Psyché. 3 p. par A. Legrand, d'après Raphaël. — L'Une ou l'autre ; Mon choix est fait ; 2 p. par Dissard. — Prodigalité et pauvreté ; Luxe et Indigence. 2 p. *A Paris, chez Bulla*. — Mlle de La Fayette, par Levachez. — La Mariée, etc. — Dix pièces *imp. en couleurs ou coloriées* (plusieurs manquent de conservation).

105. — La Servante grondée. — Partie de Campagne. — La Marchande de Roses. — La Marée montante. Quatre pièces gravées par Paul Legrand, Himely, Maile, Jazet, d'après Mme Haudebourt-Lescot, Pigal, Court, H^{te} Lecomte. Epr. *coloriées*.

106. — Sujets pour éventails, petites pièces, etc. — 28 pièces *imprimées en couleurs et réhaussées*.

107. — Reproductions ou copies d'Estampes du XVIIIe siècle, de Boucher, Huet, Caresme, Debucourt, etc. — Vingt-cinq pièces *en couleurs, coloriées, en sanguine* et en noir.

EISEN (Ch.)

108. L'Après-Midy. — Les Amusements champêtres. *Chez Crépy.* — Deux pièces *imprimées en bistre.*

108 *bis.* — Le Dépit. — Prometre est un.— Deux pièces ovales imprimées en *noir et en sanguine et réhaussées à l'aquarelle.*

FANTIN-LATOUR, LUNOIS

109. Fantin-Latour, par lui-même. — A Berlioz. — Vénus et l'Amour. — Baile de Flamenco. — Au bord du Zuiderzée. — Cinq pièces publiées par l'Artiste.

FRAGONARD (d'après)

110. La Déclaration. — Le Serment. — Deux pièces faisant pendants, gravées par Bervick. Belles épreuves.

110 *bis.* — L'Amour.— La Folie. — Deux pièces par Janinet (copies). Epr. *imprimées en couleurs.* Encadrées.

111. — La Déclaration. Gravé par Bervick. Belle épreuve.

112. — Le Contrat. — Le Chiffre d'amour. — La Fontaine d'Amour. — Trois pièces gravées par Blot, de Launay et Regnault. Epreuves en tirage postérieur, la 1re *coloriée.*

FRAGONARD, HUBERT-ROBERT, LE PRINCE

113. Arc de triomphe d'Italie. — La Récréation champêtre. — Les Nouvellistes, etc — Quatre pièces à *l'aqualinte en bistre* (1 réhaussée de couleurs).

FREUDEBERG (d'après)

114. La Félicité villageoise. — La Gaieté conjugale. — Deux pièces faisant pendants, gravées par De Launay et Delignon. Bonnes épr. en tirage postérieur.

115. — Le Petit Jour. — La Complaisance Maternelle. — Deux pièces. Bonnes épreuves en tirage postérieur.

GAVARNI

116. Les Maris Vengés. *Paris, Aubert;* in-4, cart. — Suite de 18 planches.

GODEFROY (J.).

117. Marie-Louise. Dess. à Saint-Cloud et gravé par J. Godefroy, 1810. Gr. in-fol. Belle épr. *avant la lettre.*

GREUZE (d'après J.-B.).

118. Le Malheur imprévu. Gravé par R. de Launay. Très belle épreuve.

119. — Le Gâteau des Rois. — La Belle-Mère. — La Veuve et son Curé. — Trois pièces, les 2 premières portant au dos *les signatures autographes du peintre et des graveurs* (petites restaurations).

120. — L'Accordée de Village. — La Cruche cassée. — Calisto. — Trois pièces gravées par Massard, Gaillard, etc, les 2 dernières en tirage postérieur (*1 coloriée*).

HERVIER

121. Une Barque à Marée basse. — Petit Canot à Saint-Valery. — Femme faisant sa lessive, etc. — Quatre eaux-fortes. Belles épreuves.

HUET (d'après J.-B.)

122. Le Serpent sous les fleurs ; La Feinte Résistance. — Deux pièces faisant pendants, gravées par Godefroy et Patas, belles épreuves en tirage postérieur, la seconde sans marges.

INCROYABLES (Pièces sur les)

123. Ah ! qu'il est donc drôle ! Hai ! dis donc ma lorgnette te fait peur. — Les Croyables au Pérou. Pièce ronde gravée par Levilly. — Deux pièces, la *1re coloriée.*

JANINET

124. La Mort d'Abel. – Le Combat des Horaces et des Curiaces. Deux pièces d'après Le Barbier. *Imprimées en couleurs.*

JAZET

125. Le Jour de loyer. — Les Politiques de Village. — Le Colin-Maillard. — Lecture d'un Testament. — Le Petit Commissionnaire. — Cinq pièces à l'*aquatinte* d'après Wilkie *(1 coloriée,* manquant de conservation).

LAWREINCE (d'après)

126. La Balançoire mystérieuse. Gravé par Vidal. — Bonne épreuve ancienne, mais fortement épidermée dans le cadre à droite et en bas.

LE BARBIER (d'après)

127. Age d'Airain. — Age de Fer. — Deux pièces gravées par G. Orrebow et Chapuy, à *l'aquatinte et coloriées.* Belles épr.

LE CLERC (d'après)

128. La Vie de l'Enfant Prodigue. Suite de 6 pièces gravées par Gaillard, Basan, Moitte, etc. *Epreuves coloriées.*

LEGRAND (Augustin)

129. Valentine de Milan, d^{sse} d'Orléans. — Jeanne de Navarre, d^{sse} de Bretagne. — Dévouement des Dames Romaines, d'après A. Kauffman. — Trois pièces *imprimées en couleurs et rehaussées.*

130. — Malice et Bonté. *A Paris, chez Noël.* Belle épreuve *imprimée en couleurs et rehaussée.*

130 *bis.* — Le Rossignol. — L'Hermite ou le Frère Luce. 1801-1802. Deux pièces *imprimées en couleurs et rehaussées.* Belles épr.

LEGRAND (Louis)

131. Sur le bout du banc. — Battersea. — Parole divine. — Sous l'averse. — Port. de E. — Reyer. -- Etudes à la pointe sèche. — Six pièces publiées par l'Artiste.

LEMONNIER et MONSIAU (d'après)

131 *bis.* — Siècle de François 1er. Gravé à l'aquatinte par Jazet. — Molière lisant son tartufe chez Ninon de Lenclos. Gravé par Anselin. — Deux pièces gr. in-fol., la 1re *coloriée.*

LITHOGRAPHIES

132. Les Lionnes. — La Toilette. — Naufrage au port. — Chasses à courre. — Une partie de Bain. — Discorde. — Huit pièces par G. Doré, Guérard, etc. Epr. *coloriées.* (2 en noir)

133. — Lithographies diverses : Musée Omnibus, Galerie pittoresque, Le Musée des Rieurs, Grands Médaillons, etc. — 36 pièces *coloriées* (12 en noir).

134. — Lithographies diverses, par ou d'après Prudhon, C. Nanteuil, R. Bonheur, Lalaisse, E. de Beaumont, Raffet, Bellangé, etc. — Trente-neuf pièces en noir et *coloriées.*

MADOU

135. Physionomie de la Société en Europe depuis le XIVe siècle jusqu'à nos jours. 14 tableaux par Madou. *Bruxelles, de Wasme-Pletinckx, édit.; Paris, chez Aubert.* Suite complète de 14 planches sur *chine*, en feuilles, *sous couv. de publication.*

MALLET (d'après)

136. Julie ou le Premier Baiser de l'Amour. — Saint Preux ou les allarmes de l'Amour. — Deux pièces gravées par Copia. Epreuves *coloriées* (Manquent de conservation).

137. — Le Repas d'Amour; la Toilette d'Amour; l'Amitié les ramène. Trois pièces gravées par Prudhon fils. — La Frileuse. Gravé par Cardon. — Ens. quatre pièces *imprimées en couleurs* (1 en noir). Manquent de conservation.

MANIÈRES NOIRES

138. L'Attention. — La Dormeuse. — La Commodité. — La Grâce. — La Résignation. *A Augsbourg, chez J.-J. Haid.* Cinq pièces in-fol. Belles épr. à toutes marges.

138 *bis*. — Beauty commanding Love. Gravé par V. Green, d'après Vanderweff, 1788. — Sainte Famille. Gravé par James Walker, d'après Pompeo de Batoni, 1792. — Deux pièces in-fol. Belles éprreuves.

139. — Ruben's three Children. — Apollo and Daphne. — The Exposition of Cyrus. — The Ballad Singer. — Abelard and Eloisa, etc. — Dix pièces par Tassaert, J. Smith, Earlom, Purcell, etc., d'après Rubens, Le Titien, Castiglione, A. Carrache, Morland, etc.

139 *bis*. — La Surprise mal-à-propos. — Le Petit Napolitain. — Le Silence. — La Dévotion de la famille au logis. — L'Amour fixé. — L'Homme entre le Vice et la Vertu. — La Galante jardinière. — La Santé rendue. — Huit pièces par J.-J. Haid et fils, d'après Baudouin, Greuze, Terburg, Reynolds, etc. (*1 coloriée;* plusieurs manquent de conservation).

MILLER (d'après W.)

140. Alderman Newnham, Lord Mayor of the City of London, 1782. *Publ. 1802 by Boydell.* Gr. in-fol. en larg. Gravé par Benj. Smith.

MONNIER (H.)

141. Récréations. *Paris, Giraldon-Bovinet*, 2 vol. in-4 obl., demi-rel. Recueil de 30 planches *coloriées*.

141 *bis.* — Récréations. (*Aubert*). Suite complète de 6 pièces coloriées.

142. — Suite *libre* pour les Chansons de Béranger. Suite complète de 15 pièces. Belles épr. *coloriées*, t. marges.

143. — Vue de la Chambre provisoire des Députés. — Le Sauveteur de la France. — Ma Tabatière, chanson. – La Marmite renversée. — Les Sauveurs de la France. — Les Gens sans façon. — Impressions de voyage. — Récréations. — Recontres Parisiennes, 5 pl., etc. — Réunion de 23 pièces. Belles épr. *coloriées* (1 en noir). Beau lot.

MONSIAU (d'après)

144. L'Éducation de l'Amour, et son pendant. — Deux pièces gravées par Demonchy. Belles épreuves *imprimées en couleurs*, sans marges, montées sur passe-partout.

MORLAND (d'après G.)

145. Slave trade. Gravé par J.-R. Smith. In-fol. en larg. Belle épreuve *imprimée en couleurs* (la marge un peu frottée). Encadrée.

146. — The Mail-Coach. Gravé à la manière noire par S. W. Reynols. Belle épreuve *imprimée en couleurs et rehaussée*. Curieuse épreuve.

NAPOLÉON

147. Napoléon et Joséphine, en Grand Costume de Cour, assis sous un dôme entouré de deux colonnes ornées de chapiteaux.

Curieuse pièce entièrement brodée *au plumetis et or.* Les figures sont *dessinées et peintes à la gouache sur ivoire.* Avec cette légende :

Vertus, talens, noblesse, amour, beauté, grandeur,
Réunis par l'Hymen, annoncent le Bonheur,
La Paix à l'univers et la douce Espérance
Que leurs fils à jamais gouverneront la France.

Mancherat de Longpré.

Belle pièce encadrée.

148. — *Souvenirs historiques*, ou Galerie de Portraits et de Scènes Mémorables. *Paris, de l'imp. d'A. Egron, 1815,* 2 cahiers en 1 vol. petit in-4 obl., demi-rel. — Recueil orné de 10 planches gravées par Bosselman ; Portraits et scènes sur Napoléon 1er et sa famille. *Rare.*

148 *bis*.— Présentation du Roi de Rome aux Officiers de la Garde Nationale de Paris. — Bataille de Waterloo. — Les Adieux de Fontainebleau. — Les Aigles retrouvés le 21 Mars 1815. — Quatre pièces in-fol., à la *manière noire.*

149. — Entrevue de Napoléon 1er et de François II, Empereur d'Allemagne, an 14. — Entrevue de leurs Majestés impériale, 25 juin 1807. *A Paris, chez Jean.* — Passage du Pont d'Arcole. *A Paris, chez Girard.* — Vue de la grande Parade passée par le Premier Consul. *A Paris, chez Jean.* — Quatre pièces (2 *coloriées*).

149 *bis*.— Le Pont d'Arcole. Gravé par Charon.— Napoléon reçoit son fils au Temple de la Gloire. — Le Réveil de Georges. *Chez Martinet.* — L'Assemblée de famille ou C'est notre Homme. — Les Derniers Monumens de la République. — Toulouse. Gravé par Fielding, etc. — Huit pièces *coloriées* (1 en noir).

150. — Bataille de Friedland. — Wagram, 6 août 1809. — Après vous Sire ! par Maile, d'après Charlet. — Les Aigles retrouvés. — Dernière entrevue de Napoléon avec sa famille. — Napoléon à Waterloo. — Six pièces grand in-fol. à l'aquatinte et lithog. ; épr. *coloriées* (1 en noir).

151. — Matinée du 18 Brumaire. Gr. infol., *à la manière noire* par Jazet, d'après Schopin.

152. — Napoléon. In-fol. Grandeur nature. Gravé par Ibora.

153. — La Malmaison, n°s 1, 2, 5 et 6. Dess. et lith. par Tirpenne et Monthelier. — Vue de la Bergerie. Gr. par L. Garnerey. — 2e Vue du Ch^{au} de Meudon. *Chez Basset.* — Ste Hélène. Maison de Longwood. — Sept pièces (2 *en couleurs*).

154. — Quatre Epoques de la Vie de Napoléon — Quatre pièces à *l'aquatinte* par Wibaille. *Coloriées.*

155. — A la Gloire Immortelle de Bonaparte. Gravé par J.-B. Louvion. — Bonaparte, ovale, par Alix — Napoléon, gravé par J. Roberts.— Jérôme Napoléon, gravé par Müller.— Marie-Louise, gravé par Ribault. — Le Prince Eugène au tombeau de sa mère. *A Paris, chez Blaisot.* — Promenade du matin (Marie-Louise et le Roi de Rome). Gravé par Bosselman. — Zénaïde, 3e Fille du Roi Joseph. Lith. de Stapleaux. — Huit pièces (*1 en couleurs*, rognée ; *1 coloriée*).

156. — Portraits. — Batailles. — Funérailles, etc. Vingt-deux pièces gravées et lithographiées (*6 coloriées*).

157. — Portraits de Napoléon et sa Famille. — Batailles, Anecdotes, etc. — Trente quatre pièces, gravées et lithographiées, en noir et *coloriées*.

NAPOLÉON III

158. Les Saltimbanques. — La Parade. — Entrée triomphale des Prussiens à Paris. — Trois lithographies in-fol. en l. Belles épr., *coloriées*. (Curieuses et rares).

NEUREUTHER (E.)

159. Souvenir des 26, 27, 28, 29 Juillet 1830. Représentés en 3 tableaux contenant trois chansons patriotiques. *Paris, publié par Knecht et Roissy, 1831*. Suite complète de 4 planches imprimées en différents tons. In-fol. en feuilles, sous *couv. de publication*.

NOEL (Léon)

160. Henri d'Orléans, duc d'Aumale. — S. A. R. Mme la Duchesse d'Aumal. Deux pièces in-fol. d'après Winterhalter. Belles épr. sur *chine monté.*

OPIZ

161. Solennitaten in Krahwindel. Assemblée. — Gregorius Singen. — Deux lithographies in-fol. Belles épr. *coloriées.*

PARIS

163. Vues de Paris, par Arnout. Quatorze lithographies in-fol. Belles épr. *coloriées.*

164. Paris-Moderne. Grand album représentant les vues et les monuments les plus curieux de Paris et les Sites les plus remarquables des Environs. *Paris, Maison Martinet.* — Album in-4 obl., cart. toile. — 60 planches lithog. par Ch. Rivière, Jacottet, Aubrun, Provost, etc.

PERONARD

165. Ecole Royale Polytechnique. — Institution Royale de St Denis. — Deux pièces in-fol. à la *manière noire* (mouillures).

PIERRE (d'après J.-B.-M.)

166 Endimion. — Sacrifice au Dieu Pan. — Deux pièces gravées par Delaunay et Chaponnier et par Lempereur. Belles épreuves *imprimées en couleurs et rehaussées.*

167. — Léda. — Endymion. — Deux pièces faisant pendants, gravées par De Launay. Belles épreuves.

PORTRAITS

168. Ferdinand III, par P. Soutman. — Renaudot, par F. Chereau.— De Lowendal, par J.-G. Wille. — Louis XV, par Petit. — Duc de Choiseul, par Voyez.— J. S. Maury, par Godefroy.— Anne d'Autriche, par Nanteuil(tirage postérieur). — Mme Le Riche Touchelet, par Roullet. (Epr. *avant la lettre*). — Charles Philippe de France, par Freschi. — Neuf pièces.

169. — Villiers de l'Isle-Adam. — Cte de Cossé-Brissac. — Duc de Vendôme.— Louis d'Assas. — François II, empereur d'Autriche.— H. Maraire, Cte de l'Empire, etc. — Huit portraits par Mme de Cernel, Sergent, Moret, etc. Epr. *imprimée en couleurs (1 coloriée)*.

170. — Elisabeth, d^s^ of Hamilton. — Madam Soams. — Charles III, roi d'Espagne. — Earle of Ormond. — Erasme. — Newton, etc. Neuf portraits gravés à la *manière noire* par Smith, Becket, Lupton, etc.

171. — Frédéric le Grand. — J. Reynolds. — Gal Urrutia. — Mme de Staël. — Duc Mathieu de Montmorency. — Lamennais. — Dupuytren. -- Victoria, reine d'Angleterre, etc. — Vingt-et-un portraits, plusieurs *coloriés*.

172. — Le Gal Moreau. Gravé par Chataignier. — Eugène Beauharnais. Gr. par Perrot fils. — Barère. Gr. par Denon. — Desaix. Gr. par Badoureaux. — Malesherbes. — La Fayette. — Pie VII, etc. — Dix portraits.

173. — Portraits divers des XVIIe, XVIIIe et XIXe siècles. — Cinquante-deux pièces anc. et mod.

PRUDHON (d'après)

174. Le Génie et l'Etude. Gravé par Forget. Belle épr. *imprimée en couleurs et réhaussée*.

175. — L'Amour séduit l'Innocence. — Le Zéphir. — Deux pièces gravées par B. Roger et Laugier. Belles épreuves, la 1re *avant la lettre*.

RAFFET

175 *bis*. Croquis pour l'Amusement des Enfants. *Chez Gihaut* (1829). In-4, cart. — Suite complète de 20 planches.

RAMBERG (d'après J.-H.)

176. Le Retour du Soldat. Manière noire. Gr. in-fol. en larg., *rehaussée en couleurs*. Belle épr., sans marge.

RASSENFOSSE (A.)

177. Petite hiercheuse se lavant. Lithographie en couleurs. Belle épreuve *signée* (tirée à 20 épr.).

188. — Frontispice. — L'Organe du Diable. — Le Joujou. — La Folie gardant la chimère, etc. — Six pièces, belles pièces sur *holl. et japon (2 en couleurs).*

RESTAURATION

179. Louis XVIII. - Charles X. — S. A. R. Mgr le Duc d'Angoulême. — Trois pièces in-fol., gravées par Sauvé, Badoureau et Aug. Leroy *(1 en couleurs).*

180. — Portraits de Louis XVIII, Duc et D^{sse} de Berri, Louis-Philippe. — Arrivée de Louis-Philippe à l'Hôtel de Ville. — Soirée républicaine donnée dans les salons de la liberté de la Presse. — Le Louis XIV de 1831 et son Lenôtre, etc. — Douze pièces.

181. - Portraits de Louis XVIII, Charles X, Louis-Philippe, Duc et D^{sse} de Berri, Cte de Chambord, etc. — Dix-sept pièces en noir et *coloriées.*

182. — La Paix de l'Europe garantie par Louis XVIII. Gravé par Massard. — La Bonne Mère. Gravé par Forget. — Pont-Royal, le 19 nov. 1832. Lith. de Marlet. — Louise. Gr. par Mecou *(avant la lettre).* — Duchesse de Berry. — Attentat Fieschi. — Mercier, ex-sergent de la Garde Nationale. — Port. de S. A. R. Mgr le Duc d'Angoulême. — Huit pièces, belles épreuves *(1 coloriée).*

183. — Révolutions de 1830 et de 1848. — Vingt-et-une pièces gravées et lithographiées en noir et *coloriées.*

RÉVOLUTION

184. Louis XVI. Gravé par Schinker, d'après Boze. — Louis Seize. *A Paris, chez Le Cœur.* — J'ai écarté les Cœurs.... — Ceux qui ont vu le Champ de Mars... *Chez Chereau.* — Convoi de très haut... Seigneur des Abus. — Accident funeste arrivé à une Vivandière... — Fête de l'Alliance entre les Républiques française et batave. — Dix pièces, dont *1 imp. en couleurs, 1 en bistre et 3 coloriées.*

185. — Le 31 may 1793. Gravé par Tassaert. — Le Pacte National. Gr. par Th. Le Clerc. — Pénibles adieux. Gr. par Desnoyers. — — Le Triomphe de l'Agioteur. — Fête de la Vieillesse. Gr. par Duplessi-Bertaux, d'après Wille. (Epr. à *l'état d'eau forte)*. — Cinq pièces in-fol. (1 *impr. en bistre et sanguine*, et 1 *coloriée)*.

186. — Journée du 20 juin 1792. — Dévouement de Mme Elisabeth.— La Séparation, de Louis XVI d'avec sa famille. — La Séparation de Marie-Antoinette, d'avec sa famille. — Louis XVI avec son confesseur avant sa mort. — Jugement de Marie-Antoinette. — Six pièces gravées par Vérité et Cazenave, d'après Bouillon. Epr. doublées ; déchirure à 1 pl.).

186 *bis*. — The Tenth of August 1793. — Gravé *à la manière noire* par Earlom, d'après Zoffany. Gr. in-fol. *Pièce rare* (restaurée).

187. — Journée du 20 juin 1792 au Ch^au^ des Tuileries.— La Séparation de Louis XVI, d'avec sa famille.— Louis XVI avec son confesseur un instant avant sa mort. — Jugement de Marie-Antoinette. — Quatre pièces in-fol. par Cazenave. *A Paris, chez Vérité*. Epr. *coloriées*. (Restaurations).

188. — Serment du jeu de Paume. — Le 21 janvier 1793. — Les derniers adieux de Marie-Antoinette. — Charlotte Corday. — Le Vaisseau le Vengeur. — Cinq pièces in-fol.

189. — Tableaux de la Révolution Française. — Le Sacre de Louis XVI. — Le Triomphe de Marat, etc. — Vingt-sept pièces.

REYNOLDS (S. W.)

190. Le Petit Lever ; d'après Moreau. — Les Enfans surpris par l'Orage ; d'après Delaroche. — Bataille d'Ecoliers, d'après Géricault — Cymon et Iphigenia ; d'après J. Reynolds, etc. — Cinq pièces *à la manière noire*.

ROPS (F.)

190 *bis*. Chez les Shakers. — Dans la Pusta. — Le Lièvre. — Pilier d'Eglise. — Art moderne. — Le Bassoniste. — Servante anversoise. - La Grève. — L'Oracle du hameau. — Finis latinorum.— Oncle Claës et tante Johanna. — La Parabole du Semeur. — Douze pièces, belles épreuves tirées de l'Artiste.

RUSSELL (d'après J.)

191. The Favorite Rabbit. — The Dog's first sight of himself 1797-1798. — Deux pièces gravées par C. Knight et N. Schiavonetti. Belles épr. *imprimées en couleurs* (doublées ; mouill.)

SANGUINES

192. Carle Vanloo, par lui-même. Gravé par Demarteau. — Etude. 8e estampe à plusieurs crayons, par Demarteau. — Vestale. Gravé par Carrée, d'après David. — Portrait de Louis XVI. Gr. par Carrée, d'après Lebarbier. Quatre pièces in-fol., 2 *imp. en sanguine* et 2 *aux deux crayons*.

193. — L'Enlèvement de Céphale. — L'Enfant qui pleure. — Ruines du Prieuré de Bailleval. — Têtes de jeune femme, etc. — Sept pièces gravées par Demarteau, Bonnet, Petit, Lucien, etc., d'après Boucher, Huet, Eisen, etc. (1 pièce en noir).

194. — L'Enlèvement des Sabines. — Tête de jeune femme. — Cahier du Fragments, etc. — Treize pièces gravées par François, Lingée, Duruisseau, etc., d'après Le Clerc, Huet, Cochin, etc. (1 pièce en noir et 5 *en bistre*).

SCHALL (d'après)

195. Le Modèle disposé. Gravé par Al. Chaponnier. Bonne épreuve *coloriée*, sans marges sur 3 côtés.

196. — Les Amans trahis par leurs ombres. Gravé par Wogls. *A Paris, chez Vidal.* Belle épreuve à toutes marges.

197. — L'Elisée. Gravé par A. Le Grand. Belle épr. *imprimée en couleurs*, sans marges.

198. — La Comparaison. — Geneviève de Brabant. — La Jeune Aveugle du Pont Neuf. — Trois pièces gravées par Bouillard, A. Le Grand et Simon. Belles épreuves, la 1re en tirage postérieur.

SICCARDI (d'après)

199. Oh ! che Boccore ! Gravé par Th. Burke. Belle épreuve. Encadrée.

200. — Ah ! quel Plaisir. — Oh ! quelle douleur. — Mirate che bel Visino. — Trois pièces gravées par Mecou, la dernière *imprimée en couleurs.*

STÉPHANOFF

201. La Visite des pauvres Parens. — La Réconciliation. — Deux pièces gravées à la *manière noire* par S.-W. Reynolds.

STOTHARD (d'après)

202. Famille de Ville. Gravé par Huet et Chaponnier. Bonne épreuve (plis et cassures).

SUJETS RELIGIEUX

203. Sainte-Hélène. — St Jean. — Ste Geneviève. — L'Amour maternel. — Baptême de Notre-Seigneur. — La Cananéenne suppliant Jésus. — Six pièces gravées par Ruotte, Gautier aîné, Bonnefoy, etc., d'après Le Barbier, Raphaël, Drouais, etc. Epr. *imprimées en couleurs.*

THÉATRE

204. Foyer du Théâtre Français. — Anthony Leigh of the Spanish Fryer. Mauière noire par J. Smith. — Nouvelles caricatures des Acteurs de l'Ambigu Comique. — La Bienvenue. L'Arrivée de Mlle Chameroy au Paradis. — Portraits de Talma, Raucourt, Mars, Debureau, Paulin Menier, Taglioni, etc. — Vingt pièces gravées et lithog., en noir et *coloriées.*

205. — Théâtre Anglais. — Portraits divers, etc. — Trente cinq pièces en noir et *coloriées*.

TOULOUSE-LAUTREC (H. de)

206. Yvette Guilbert. — Polaire. — Chocolat au bar. — Snobisme.— Festival A. Thomas. — Alors, vous êtes sage ? — Palais de Glace. Coulisses des Folies-Bergère. — Huit lithographies originales *en couleurs*, sur *chine*.

Collection tirée à quelques exemplaires seulement.

VAUTHIER et VAN DER LYN (d'après)

207. Le Matin. — Le Midi. — Le Soir. — La Nuit. — *Publiées par Bance et Aumont*. Quatre pièces in-fol., gravées par N. Bertrand. Chaponnier et F. Girard.

VERNET (C.)

208. Grande suite de Chevaux. *Chez Engelmann*. — Carabinier au Montoir. — Artilleur à cheval. — Espagnol monté sur une mule.— Marchande de Roses, etc. Douze pièces, belles épr. *coloriées* (4 en noir)

VERNET (d'après C.)

209. Recueil de Chevaux en tous genres (chevaux de course ; officiers supérieurs de l'artillerie légère et de cuirassiers). — Quatre pièces gravées par Levachez. Belles épr. *coloriées*, sans marges.

209 *bis*. — Napoléon, Empereur, à cheval. Gr. à l'aquatinte par Levachez. Epr. *coloriée*, encadrée.

VERNET (H.)

210. Blessés français attaqués par des Cosaques. — El General Quiroga. — Jeu de la Drogue. — Carle Vernet. — Scènes militaires, etc. — Quatorze pièces en noir et *coloriées*.

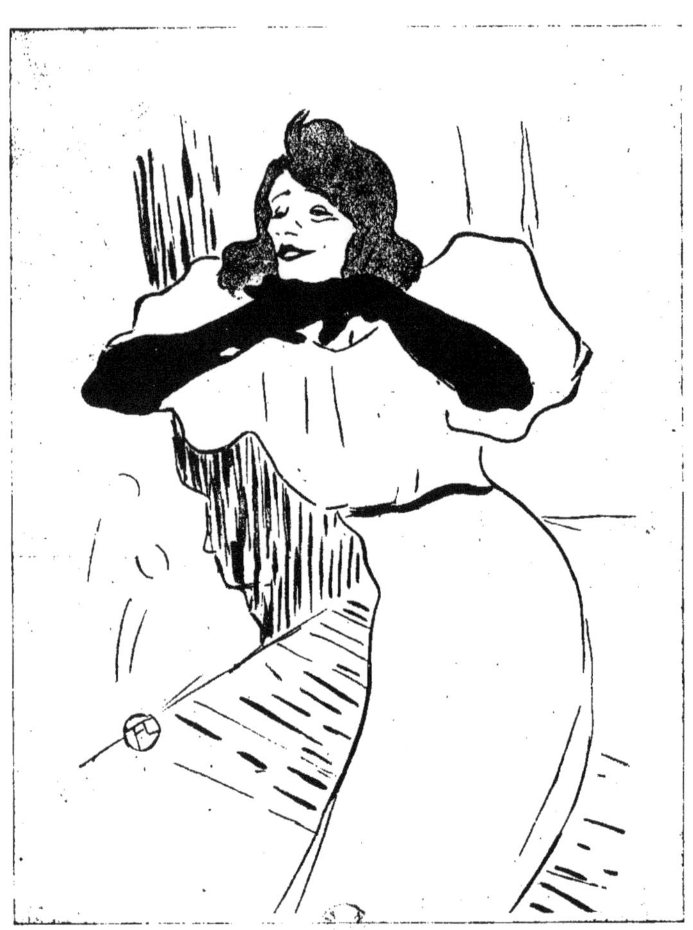

N° 206 du catalogue

VERNET (d'après H.)

211. Histoire de Mlle de La Vallière, 4 planches. — Maleck-Adhel sauve Mathilde. — Ens. cinq pièces gravées par Levachez. Bonnes épr. *imprimées en couleurs* (1 plus courte de marges; mouill.).

VERNET (d'après C. et H.)

212. Bivouac de Cosaques. — La Garde meurt et ne se rend pas. — Cheval russe conduit par un Cosaque. — Mameluck gravissant les montagnes, etc. — Huit pièces gravées par Coqueret, Debucourt, Jazet, etc.

212 *bis*. — Mort du Prince Joseph Poniatowski. Gravé par Debucourt. — Bivouac du 3me Régiment de Hussards commandé par le Colonel Moncey. Gravé par Jazet. — Deux pièces gr. in-fol. à l'*aqualinte* : la *1re coloriée*, manquant un peu de conservation.

VOITURES

213. Diligence Française. — Parisiennes. — Citadine à volonté. — Trois pièces par Aubry, Loeillot et Raffet. Belles épr. (deux sans marges).

VUES

214. Vues de Paris. — St-Cloud. — Bordeaux. — Costumes, etc. — Réunion de 21 pièces grav. et lithog. en noir et *coloriées*.

215. — Collection des Maisons de Commerce de Paris, 4 pl. — Vue et persp. du parterre des Fleurs (Vaux-le-Vte). — Elévation persp. du chapitre noble de l'Argentière. — Chantiliy. — Port de Brest. — Vue de Lyon. — Elévation persp. du Portail de l'Eglise de St-Eloy à Dunkerque, etc. — Douze pièces par I. Silvestre, Garneray, Née, etc.

215 *bis.* — Schönbrunn près de Vienne. *Chez Artaria;* 2 pièces. — Palais du Lord Maire de Londres. — The Marine Palace of his Majesty George the fourth, at Brighton. — Veduta della Facciata e fianco destro del Duomo di Milano, 1816. — Vue g^{ale} de Porto Longone. — Beulah Saline Spa, Norwood. — Distribution of War Medals by the Queen at the Horse Guards, 1855. — Military Incidents. — The Infantry of the Guard, n° 9, etc. — Dix-neuf pièces gravées et lithographiées, *coloriées* (5 en noir).

216. — Vues du Palais Impérial d'Hiver à St Pétersbourg. — Vue de la Néva vers l'Occident. — Femme de la Grande Russie. — Costumes Polonais. 4 pièces par Debucourt, d'après Norblin. - Ens. huit pièces *coloriées* (1 en noir, à *l'état d'eau forte pure).*

217. — Vues de Vienne. *Verlags-Eigenthum v F. Paterno in Wien.* 22 planches lithographiées et *coloriées.* — Souvenir de Venise. Peint par Canaletto, lith. par P. Chevalier. *Venise, Jos. A. Habnit,* 12 planches lithographiées et *coloriées.* — New collection of 52 Principal Views of Rome and its Environs. *Rome, s. d.* 52 planches gravées. — Ens. 3 albums in-4 obl, cart. et broché.

WATTEAU (d'après A.)

218. Le Colin-Maillard. Gravé par E. Brion. Belle épreuve.

219. — Fêtes Vénitiennes. Gravé par L. Cars. Epreuve en tirage postérieur.

WILKIE (d'après Dav.)

220. The Cut Finger. — The Errand Boy. — The Rabbit on the Wall. — The Blind Fiddler. — *London, publ. 1811-1825.* Ens. 4 planches in-fol. gravées par Raimbach et John Burnet.

WILLE (J.-G.)

221. Le Concert de Famille. D'après Schalken. — Scène hollandaise. D'après G. Terburg. — Deux pièces. Belles épr., la 2e *avant toute lettre.*

IMP. CH. BRANDE
23, RUE DE L'ÉGLISE, 23
LE VÉSINET

www.ingramcontent.com/pod-product-compliance
Ingram Content Group UK Ltd.
Pitfield, Milton Keynes, MK11 3LW, UK
UKHW020503180726
13839UKWH00004B/1872